In diesem Buch kannst du dich freuen auf ...

- **Wusstest du ...**
- **Rätsel**
- **Witz**
- **Bibel**
- **SMS-Gebet**

Die Auflösung der Rätsel findest du auf Seite 43.

Stephan Sigg

# Jesus? Find ich gut!

## Gebete, Quiz & Co. zur Erstkommunion

Butzon & Bercker

# Jesus ist unser Freund und er ist immer für uns da!

## Rätsel

Warum tragen die Erstkommunionkinder ein weißes Kleid?

A) WEISS IST DIE FARBE DER UNSCHULD UND DER REINHEIT.

B) WEISS IST EINE FESTLICHE FARBE.

C) AUCH JESUS HAT IMMER WEISSE KLEIDUNG GETRAGEN.

## SMS-Gebet

Lieber Jesus, danke
für meinen schönen
Erstkommuniontag!

## Rätsel

An welchem Tag wurde früher ausschließlich die Erstkommunion gefeiert?

A) PFINGSTEN

B) PALMSONNTAG

C) WEISSER SONNTAG

## SMS-Gebet

Danke für die vielen Freundschaften, die ich in meiner Erstkommuniongruppe knüpfen konnte!

**Jeder Sonnenstrahl** am Morgen sagt mir: Gott, du willst, dass es uns gut geht und dass wir glücklich sind!

## SMS-Gebet

Lieber Gott, schick uns deinen Heiligen Geist, damit unsere Gemeinschaft noch mehr zusammenwächst und wir alle miteinander glücklich sind!

## Rätsel

Wer gehört zur Gemeinschaft der Christen?

A) ALLE, DIE DIE ERSTKOMMUNION GEFEIERT HABEN.

B) ALLE, DIE IN DER KIRCHE DAS GLAUBENSBEKENNTNIS ABGELEGT HABEN.

C) ALLE, DIE GETAUFT WURDEN

Zusammen
sind wir stark!

## Witz

Die Nachbarn von Leon haben sich eine neue Mikrowelle gekauft. Leon kommt ganz aufgeregt nach Hause und erzählt: „Mama, stell dir vor: Die Nachbarn kochen ihr Essen jetzt im Fernseher!"

## SMS-Gebet

Jesus, begleite
und behüte mich
bei jedem Schritt!

## Rätsel

Welches Gebet hat Jesus den Menschen beigebracht?

A) VATERUNSER

B) AVE MARIA

C) GLAUBENSBEKENNTNIS

## Bibel

*Gesegnet der Mann, der auf den Herrn sich verlässt und dessen Hoffnung der Herr ist.*

*Jeremia 17,7*

## Rätsel

Wie heißt der Segen, den der Papst an Ostern und Weihnachten spendet?

A) URBI ET ORBI

B) PRO GLOBO

C) JUBILATE

# Jesus gibt mir Kraft!

## SMS-Gebet

Jesus, dir kann ich alles anvertrauen:
Meine Sorgen, meine Ängste,
meine Freude, mein Glück, aber
auch meine Wut und meinen Ärger!

## Rätsel

Warum konnte Petrus nicht über das Wasser gehen?

A) ER HAT JESUS ZU WENIG VERTRAUT.

B) DER WIND WAR ZU STARK.

C) DAS WASSER WAR NICHT TIEF GENUG.

## Wusstest du …

… dass jede Kirche einen Patron – eine Heilige oder einen Heiligen, nach der die Kirche benannt ist – hat? Und welchen Namen trägt deine Kirche?

## Rätsel

Welcher Heilige hat sich besonders um die Tiere gekümmert?

A) NIKOLAUS

B) MARTIN

C) FRANZISKUS

## SMS-Gebet

Vergib uns unsere
Gemeinheiten
gegenüber anderen.

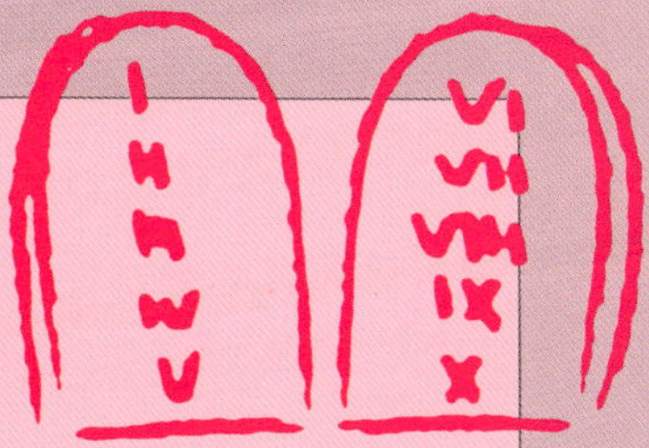


## Rätsel

Was hat Mose auf dem Berg Sinai von Gott bekommen?

A) EINE WANDERKARTE FÜR DIE WÜSTE

B) SIEBEN BROTE

C) DIE ZEHN GEBOTE

## Witz

„Was ist die Zukunftsform von ‚Ich stehle'?" will die Lehrerin wissen. Pascal zeigt auf und ruft: „Sie kommen ins Gefängnis!"

# Hab keine Angst vor der Dunkelheit: Gott schickt dir immer ein Licht.

## Rätsel

Warum brennt in der Kirche das ewige Licht?

A) DAMIT MAN DIE ANDEREN KERZEN OHNE STREICHHÖLZER ANZÜNDEN KANN.

B) ES ERINNERT DARAN, DASS JESUS IMMER BEI UNS IST.

C) IN JESU HAUS BRANNTE AUCH IMMER EINE KERZE.

**Wenn wir** mit anderen zusammen sind, dann können wir sicher sein: Jesus ist mitten unter uns!

## ?! Rätsel

Wie ist Jesus am Palmsonntag nach Jerusalem eingezogen?

A) AUF EINEM ESEL.

B) ER WURDE AUF EINER SÄNFTE GETRAGEN.

C) ER GING ZU FUSS.

## SMS-Gebet

Lass alle Menschen,
die Sorgen und Ängste haben,
spüren: Ich bin nicht allein!

## Rätsel

Wo hat Jesus mit seinen Jüngern das letzte Abendmahl gefeiert?

A) IN EINEM PARK.

B) IN EINER KIRCHE.

C) IN EINEM RAUM.

## Rätsel

In welchem Buch erfahren wir, was die Freunde von Jesus nach seiner Auferstehung gemacht haben?

A) IM JÜNGERBRIEF.

B) IN DER APOSTELGESCHICHTE.

C) IN DER OFFENBARUNG.

## Witz

Die Mutter bittet Tim: „Könntest du mir im Supermarkt ein Brot holen? Und wenn sie Eier haben, bring sechs Stück mit.“ Kurze Zeit später kommt Tim zurück – mit sechs Broten! Die Mutter fragt verwirrt: „Warum hast du sechs Brote gekauft?“ „Ja, weil sie Eier hatten.“

## Bibel

*Dies ist der Tag, den der Herr gemacht hat; wir wollen jubeln und uns an ihm freuen.*

*Psalm 118,24*

Farbenfroh
ist unsere Welt!

# **Mit Gott** überwinde ich jedes Hindernis.

## Rätsel

Was hat Jesus den Menschen erzählt?

A) GLEICHNISSE

B) GLOSSEN

C) KOLUMNEN

## Wusstest du ...

... dass die Bibel
weltweit in über
2500 verschiedene
Sprachen übersetzt
wurde? – So viele
Sprachen gibt es!

## Rätsel

Wie wird der Heilige Geist oft dargestellt?

A) ALS TAUBE.

B) ALS DREIECK.

C) ALS STERN.

## Witz

Jonas fragt seine Mutter: „Kannst du mir fünfzig Cent geben für einen alten Mann?“ – „Ja, gerne. Das freut mich, dass du ihm helfen willst. Wo ist er denn?“ – „Er steht vor dem Kaufhaus und verkauft Himbeereis.“

## Rätsel

Welche Sprache sprach Jesus?

A) HEBRÄISCH

B) ARAMÄISCH

C) KELTISCH

## Wusstest du …

… dass der Fisch ein Zeichen für Jesus ist? Da die ersten Christen wegen ihres Glaubens verfolgt wurden, hatten sie ein geheimes Zeichen: den Fisch. Den einzelnen Buchstaben des griechischen Wortes gaben sie eine neue Bedeutung: I–Jesus, CH–Christus, TH–Gottes, Y–Sohn, S–Erlöser. Das ist ein kleines Glaubensbekenntnis.

?!

## Rätsel

Welches Zitat stammt von Jesus?

A) „ICH HABE EINEN TRAUM."

B) „DU SOLLST DEINEN NÄCHSTEN LIEBEN WIE DICH SELBST"

C) „MAN SIEHT NUR MIT DEM HERZEN GUT."

**Wir sind**
froh und munter,
denn Jesus ist
unser Freund.

# Jesus ist mein Freund – er lässt mich nie allein!

## SMS-Gebet

Guter Gott, geh mit mir,
heute, morgen und für alle Zeit.

## Rätsel

Was kann man auch heute noch in Betlehem besichtigen?

A) DIE GEBURTSGROTTE VON JESUS

B) DAS HAUS, IN DEM JESUS AUFGEWACHSEN IST

C) DAS GRAB VON JESUS

## Bibel

*Denn wo zwei oder drei*
*in meinem Namen versammelt sind,*
*da bin ich mitten unter ihnen.*

*Matthäusevangelium 18,20*

## Rätsel

Welche Kerze steht in jeder Kirche?

A) DIE TAGESKERZE

B) DIE OSTERKERZE

C) DIE JAHRESKERZE

## Rätsel

Warum läuten
die Kirchenglocken?

A) DAMIT ALLE
DIE KIRCHE FINDEN.

B) ZUM LOBPREIS GOTTES.

C) WEIL ES
IN DER BIBEL STEHT.

## Witz

Miriam kauft im Musikladen ein.
„Ich hätte gern die rote
Trompete dort drüben und die
weiße Ziehharmonika!"
Der Verkäufer ist verwirrt.
„Den Feuerlöscher können
Sie haben", sagt er,
„aber die Heizung bleibt hier."

# Auch wenn ich keinen Ausweg weiß, ist Jesus bei mir und hilft mir.

?!

## Rätsel

Wobei handelt es sich um ein Sakrament?

A) DIE KRANKENSALBUNG

B) DIE PFLANZENSEGNUNG

C) DIE BISCHOFSWEIHE

## Wusstest du …

… dass man für die Zubereitung der Hostien in der Kirche nur Weizenmehl und Wasser braucht? Die Tradition findet seinen Ursprung im Alten Testament: Als Mose mit dem Volk Israel aus Ägypten floh, hatten sie keine Zeit, gesäuerte Brote zu backen.

## Rätsel

Neben dem Tisch des Brotes gibt es in der Kirche auch einen …

A) TISCH DES LIEDES.

B) TISCH DES WORTES.

C) TISCH DES BUCHS.

# Jeder Mensch braucht einen Freund!

## Wusstest du …

… dass es in Deutschland über 400.000 Ministrantinnen und Ministranten gibt?

## SMS-Gebet

Danke, dass ich gute Freunde habe, auf die ich mich verlassen kann.

## Witz

Die Ministrantin Sarah schließt jeden Abend mit einem Gebet ab. Heute betet sie: „Lieber Gott, sorg endlich dafür, dass die Vitamine nicht im Spinat, sondern in der Nachspeise zu finden sind. Amen."

# Jesus ist mein Freund, er ist immer für mich da.

## Rätsel

Was heißt Halleluja auf Deutsch?

A) PREIST, VERHERRLICHT!

B) KOMM HERBEI!

C) VOR DEM JULI

## SMS-Gebet

Schenk uns sonnige Tage, damit die Früchte und das Gemüse wachsen können.

**Jede Katze,** jedes Lama, jedes Pony sind ein Geschenk – von Gott geschaffen! Jedes Lebewesen ist ein Teil von Gottes Schöpfung!

## Bibel

*Der Herr ist mein Hirte,*
*nichts wird mir fehlen.*

Psalm 23,1

## Rätsel

Welche Früchte kommen in der Bibel nicht vor?

A) GRANATÄPFEL

B) WEINTRAUBEN

C) BANANEN

## Witz

Dem Pfarrer werden ständig aus dem Pfarrgarten Früchte gestohlen. Er stellt ein Schild auf: „Gott sieht alles!“ Am nächsten Tag steht darunter: „Aber er petzt nicht ...“

## SMS-Gebet

Guten Morgen!
Wir danken dir für diesen schönen Morgen,
wie hell und warm strahlt schon die Sonne.
Lass es für alle einen glücklichen
Tag werden!

## Rätsel

Wie wird die Orgel
auch noch genannt?

A) KÖNIGIN DER INSTRUMENTE

B) BET-INSTRUMENT

C) HEILIGES ORCHESTRUM

## Bibel

Gott hat seinen Engeln befohlen,
dass sie dich auf allen
deinen Wegen behüten.

Nach Psalm 91,11 f.

## SMS-Gebet

Schenk mir
Geduld, wenn
ein Wunsch mal
nicht sofort in
Erfüllung geht!

## SMS-Gebet

„Öffne meine Augen, damit ich sehe, wo meine Hilfe gebraucht wird und wie ich anderen helfen kann!“

## Wusstest du …

… dass du dich nach deiner Erstkommunion in deiner Gemeinde als Sternsinger engagieren kannst?

Die Sternsinger ziehen Anfang Januar von Haus zu Haus, um Gottes Segen zu bringen und für Kinder in armen Ländern zu sammeln. Dieser Brauch bezieht sich auf die Heiligen Drei Könige, die dem Jesuskind in der Krippe Gold, Weihrauch und Myrrhe brachten (Matthäusevangelium 2,11).

## SMS-Gebet

Lieber Gott, du hältst die Welt in deiner Hand. Schenke allen Menschen Frieden auf der Welt!

## Rätsel

Was ist die wichtigste Aufgabe des Taufpaten?

A) DEM KIND GESCHENKE ZU MACHEN.

B) DAS KIND CHRISTLICH ZU ERZIEHEN.

C) FÜR DAS KIND ZU BETEN.

# Gottes grösstes Geschenk ist die Liebe – wir können dieses Geschenk weiterschenken an jedem Tag!

## Rätsel

Welches kirchliche Fest gibt es nicht?

A) WELTMISSIONSSONNTAG

B) MARIÄ HIMMELFAHRT

C) SAATFEST

## Witz

In einem Blumenladen hängt ein Schild: „Lasst Blumen sprechen." Oliver sagt zu der Verkäuferin: „Ich hätte gerne eine Blume, die ‚Mama' sagen kann."

Das Leben
ist ein Abenteuer!

## Bibel

*Ich werde dich segnen.*
*Ein Segen sollst du sein.*

*Genesis 12,2*

## SMS-Gebet

Mögest du warme Worte
an einem kalten Abend haben,
Vollmond in einer dunklen Nacht.
Und eine Straße
auf dem Weg nach Hause.

*Irischer Segen*

## Rätsel

Was ist das Besondere am Weihwasser?

A) ES KOMMT AUS DER HEIMAT VON JESUS.

B) ES WURDE GESEGNET.

C) ES STAMMT AUS DER QUELLE UNTER DER KIRCHE.

## Wusstest du ...

...dass Johannes der Täufer Jesus im Fluss Jordan taufte? Während der Taufe kam der Heilige Geist in Gestalt einer Taube vom Himmel herab und eine Stimme sprach: „Du bist mein geliebter Sohn, an dir habe ich Gefallen gefunden."

Markusevangelium, 1,11

## Rätsel

Was passst nicht rein?

BETLEHEM JERUSALEM NAZARET ROM
GALILÄA GENNESARET KAFARNAUM

## Bibel

*Jesus sagt: „Ich bin bei euch alle Tage bis zum Ende der Welt."*

*Matthäusevangelium 28,20*

## SMS-Gebet

Gott, ich bitte dich:
Denke an alle Kinder dieser Welt –
beschütze sie und lass sie alle glücklich sein!

## Rätsel

Welches Wort hat nichts mit der Erstkommunion zu tun?

WEISS BROT KELCH MESSE VIOLETT WEIN
HOSTIE GEMEINSCHAFT

# Gott hat dir ein Gesicht gegeben. Lächeln musst du selbst.

## Witz

Der Pfarrer predigt über die Schönheit der Welt: „Seht euch doch um – jede Blume predigt von Gottes Allmacht. Jedes Gräschen ist eine Predigt.“ Als der Pfarrer am Montag den Rasen vor dem Pfarrhaus mäht, erinnert sich Peter an die Predigt: „Herr Pfarrer, kürzen Sie jetzt Ihre Predigt?“

## Rätsel

Was bedeutet das Wort Kommunion auf Deutsch?

A) GOTTESDIENST

B) SEGEN

C) GEMEINSCHAFT

**Auflösung der Rätsel**

S. 4: Weiß ist die Farbe der Unschuld und der Reinheit – und auch eine Erinnerung an die Taufe.

S. 5: Am Weißen Sonntag. Heute gibt es die Regelung aber nicht mehr, deshalb wird in manchen Gemeinden an einem anderen Tag Erstkommunion gefeiert.

S. 6: Mit der Taufe wird der Täufling in die Gemeinschaft der Christen aufgenommen.

S. 8: Das Vaterunser. Damit hat Jesus gezeigt, dass wir uns mit allen Anliegen an Gott wenden dürfen.

S. 9: Urbi et orbi. Das bedeutet: für die Stadt (Rom) und für den Erdkreis (für alle Länder).

S. 10: Er hat Jesus zu wenig vertraut.

S. 11: Franziskus – der heilige Franz von Assisi

S. 12: Die Zehn Gebote

S. 13: Es ist eine Erinnerung daran, dass Jesus auferstanden ist, dass er immer bei uns ist und dass wir auf das ewige Leben hoffen dürfen.

S. 14: Auf einem Esel

S. 15: In einem Raum

S. 16: In der Apostelgeschichte

S. 17: Gleichnisse

S. 18: Er wird als Taube, oft aber auch als Feuer dargestellt.

S. 20: Aramäisch

S. 21: „Du sollst deinen Nächsten lieben wie dich selbst", sagte Jesus (Markusevangelium 12,31). Auch die anderen Sätze könnten inhaltlich von Jesus stammen, Jesus hat sie aber nie wortwörtlich so gesagt.

S. 22: Die Geburtsgrotte – hier wird jedes Jahr das Friedenslicht entzündet.

S. 23: Die Osterkerze. Sie wird jedes Jahr in der Osternacht erneuert und am Osterfeuer entzündet.

S. 24: Die Kirchenglocken läuten zum Lobpreis Gottes.

S. 25: Neben Taufe, Eucharistie (Erstkommunion), Buße, Firmung, Ehe und Priesterweihe ist auch die Krankensalbung eines der sieben Sakramente.

S. 26 Tisch des Wortes – wird auch „Ambo" genannt. Hier liegt das Evangelium.

S. 29: Preist, verherrlicht! (Kommt aus dem Hebräischen)

S. 31: Bananen – diese wuchsen in der in der Bibel beschriebenen Region früher nicht.

S. 32: Königin der Instrumente

S. 35: Das Kind christlich zu erziehen

S. 36: Saatfest

S. 39: Es wurde gesegnet.

S. 40: Rom – der einzige Ort in dieser Liste, wo Jesus nicht war bzw. der nicht in Israel liegt

S. 41: Violett

S. 42: Das Wort „Kommunion" kommt vom lateinischen Wort „communio" und heißt Gemeinschaft.

Fotonachweis: Cover, Vor- und Nachsatzseiten, S. 2/3 ff.: Julien Eichinger, kytalpa – Fotolia.com, Kai Serfling; S. 4: © snyggg.de; S. 5, 27: © Laurentiu Iordache; S. 7: © Sunny studio; S. 8: © lunamarina, evgeniya_m; S. 9: © maverick 1987va; S. 10: © Andrzej Solnica; S. 11, 21, 31, 41: © Annett Seidler; S. 12, 16, 18: © kytalpa; S. 13: © BeTa-Artworks; S. 14: © Marem; S. 15: © Florian Hiltmair, Magdalena Kucova; S. 17: © Malena und Philipp K; S. 19: © Stephen Coburn; S. 20: © snyggg.de; S. 22, 30: © Fotolia; S. 23: © Sergey Novikov; S. 24: © reeel; S. 25: © almagami; S. 26: © queidea; S. 29: © losb76; S. 32: © mohaa; S. 33: © Undine Aust, ra2 studio; S. 37: © Mein Name; S. 38: © Topanga, contrastwerkstatt; S. 40: © Blaz Kure; S. 42: © Stephen Coburn – alle Fotos: Fotolia.com
S. 9: Jeffrey Bruno, Wikipedia: Die Lizenzbedingungen für die Nutzung der Bilder sind einzusehen unter http://creativecommons.org/licenses/by-sa/3.0; S. 19, 39: Karen Kiewe; S. 28, 34: Christian Badel; S. 35: © dtaeubert – photocase.de

**Bibliografische Information der Deutschen Nationalbibliothek**
Die Deutsche Nationalbibliothek verzeichnet diese Publikation in der Deutschen Nationalbibliografie; detaillierte bibliografische Daten sind im Internet über http://dnb.d-nb.de abrufbar.

Das Gesamtprogramm von Butzon & Bercker finden Sie im Internet unter www.bube.de

ISBN 978-3-7666-1896-2


Umschlaggestaltung, Layout und Satz: Kai und Amrei Serfling GbR, Leipzig